EDMOND CAMPAGNAC

LA LANGUE FRANÇAISE EN ALSACE SOUS LA RÉVOLUTION

ÉTUDE
SUR UNE
FAMILLE D'INSTITUTEURS ALSACIENS
A LA VEILLE ET AU LENDEMAIN
DE LA RÉVOLUTION FRANÇAISE
(1760-1821)

PRÉFACE DE M. CHRISTIAN PFISTER
Doyen de la Faculté des Lettres de Strasbourg

PARIS
ANDRÉ LESOT, ÉDITEUR
10, RUE DE L'ÉPERON, 10

LA LANGUE FRANÇAISE EN ALSACE SOUS LA RÉVOLUTION

ETUDES DU MÊME AUTEUR

Le représentant Laplanche et les délégués des assemblées primaires du Cher (*La Révolution française*, t. XLIV).

Un prêtre communiste, le curé Petit-Jean (*La Révolution française* t. XLV).

Le comité de surveillance de Melun (*Annales révolutionnaires*, t. I, 1908 et t. II, 1909).

Les débuts de la déchristianisation dans le Cher (Septembre 1793. Frimaire an II.). — Préface de M. Albert Mathiez. — Ernest Leroux éditeur, 1912. (*Epuisé*).

Un curé rouge, Métier, délégué du représentant du peuple du Bouchet (*Annales révolutionnaires*, t. VI, 1914.).

D'une rive à l'autre du Rhin en 1793 (notes sur le curé rouge Euloge Schneider). — (*Annales révolutionnaires* t. XI, 1919).

Léon Cladel et les ancêtres de 93 (*La Nouvelle Revue*, 1919).

Léon Cladel poète (*La Nouvelle Revue*, 1919).

Robespierre et la politique étrangère (*La Nouvelle Revue*, 1922).

En préparation :

Curés rouges (Etudes sur quelques curés révolutionnaires).

Edition des lettres du romancier Léon Cladel au poète Camille Delthil.

EDMOND CAMPAGNAC

LA LANGUE FRANÇAISE EN ALSACE SOUS LA RÉVOLUTION

ÉTUDE
SUR UNE
FAMILLE D'INSTITUTEURS ALSACIENS
A LA VEILLE ET AU LENDEMAIN
DE LA RÉVOLUTION FRANÇAISE
(1760--1821)

PRÉFACE DE M. CHRISTIAN PFISTER
Doyen de la Faculté des Lettres de Strasbourg

PARIS
ANDRÉ LESOT, ÉDITEUR
10, RUE DE L'ÉPERON, 10

PRÉFACE

En remplissant pendant les étés 1917 et 1918 une mission dans le coin d'Alsace qui avait été recouvré par la France dès les premiers jours d'août 1914, j'eus le plaisir d'y trouver sous l'habit bleu horizon, au nombre des professeurs de l'Ecole primaire supérieure du Masevaux, M. Edmond Campagnac. Ses titres l'avaient désigné pour l'enseignement de l'histoire. Il est en effet licencié d'histoire et un excellent mémoire, soutenu en Sorbonne sur la *mission du représentant Laplanche dans le Cher*, lui a valu le diplôme d'études supérieures. Oh ! quels éminents services ont rendus à la France les poilus qui ont enseigné pendant la guerre dans les vallées de la Doller et de la Thür et qu'assistaient dans les écoles de filles quelques institutrices et les vaillantes sœurs de Ribeauvillé ! Les enfants s'appliquaient bien, afin d'apprendre notre langue et récitaient le plus gentiment du monde des fables de La Fontaine. Après la classe, les garçons entouraient les soldats et la leçon continuait. Au moment où fut signé l'armistice, cette génération de petits alsaciens qui s'élevait parlait le français de façon courante, avec un petit accent marseillais, puisqu'assez longtemps le XVe corps avait campé en ces parages. S'il avait été possible d'user de pareille méthode dans le reste de l'Alsace, on n'oserait plus y parler de la *Muttersprache*.

M. Campagnac, en bon historien, a voulu connaître le passé de la région de Masevaux et surtout il s'est demandé comment jadis y était organisé l'enseignement primaire ; par bonne fortune il a mis la main sur les papiers d'une famille dont les membres ont formé une véritable dynastie de maîtres d'école ou comme on dira, depuis le décret du 29 frimaire an II, d'instituteurs. Les Graff enseignent à Masevaux en 1760 ; ils y enseignent encore en 1821, serviteurs de tous les régimes qui se sont succédé, Monarchie absolue, Révolution, Empire, Restauration ; et c'est en réalité l'histoire de l'enseignement en Alsace pendant près de soixante ans que M. Campagnac nous retrace ; car les choses se sont passées dans toutes les petites villes alsaciennes comme à Masevaux. Sous l'ancien régime, l'Etat ne se soucie nullement ni des écoles ni de la propagation de la langue française : ce sont les seigneuries ou pour mieux dire, ce sont dans l'intérieur de ces seigneuries, les villes qui ont la haute main sur ces écoles : école allemande où l'enfant apprend à lire et à écrire l'allemand ; parfois, comme à Masevaux, école française, entièrement distincte de l'autre et qui passait pour plus distinguée et d'un degré supérieur ; parfois même, école latine. Le décret de la Convention du 29 frimaire an II (19 décembre 1793) organise en Alsace dont les seigneuries ont disparu, comme dans le reste de la France, une école d'Etat, ayant à sa tête « un instituteur de langue française » nommé par les représentants en mission et qui devait d'ailleurs coexister avec l'école locale allemande. L'année suivante, il n'est plus question d'avoir dans les villes et villages qu'une seule école où l'enseignement doit être donné en langue française et où l'idiome du pays ne sera employé que comme moyen auxiliaire. C'était la sagesse même ; mais les hommes et l'argent manquèrent. Sous le Consulat et l'Empire le maître d'école est sans traitement fixe ; il est nommé directement par le sous-préfet, instrument docile du Maire, du curé ou du pasteur, et sa situation ne fut guère relevée avec la création de l'enseignement mutuel sous la Restauration. M. Campagnac nous donne un exemple concret qui permet de bien suivre cette évolution. Nous devons le remercier de cette très intéressante étude.

Christian Pfister

Doyen de la Faculté des lettres de Strasbourg

LA LANGUE FRANÇAISE EN ALSACE
SOUS LA RÉVOLUTION

Dans son livre si substantiel sur l'Instruction primaire en Alsace pendant la Révolution (1), M. Rodolphe Reuss nous dresse un tableau fort pittoresque de la situation des écoles alsaciennes à la fin de l'ancien régime et durant la période révolutionnaire.

D'accord en cela avec d'autres historiens, M. Reuss établit que la royauté ne fit rien pour développer l'enseignement en Alsace. La question de l'enseignement du peuple ne se posait pas pour les hommes de l'ancienne monarchie, sauf pour de grands esprits comme Colbert ou Turgot.

Sans doute, Colbert, en grand politique qu'il était, avait-il eu nettement conscience de l'importance de l'enseignement du français. Dans une lettre du 12 mars 1666, il écrivait :

> Comme il est de conséquence d'accoutumer les peuples des pays cédés... à nos mœurs et à nos coutumes, il n'y a rien qui puisse y contribuer davantage qu'en faisant en sorte que les enfants apprennent la langue française, afin qu'elle y devienne aussi familière que l'allemande et que par la suite des temps, elle puisse mesme, sinon abroger l'usage de cette dernière, du moins avoir la préférence dans l'opinion des habitants du pays.

(1) *Notes sur l'Instruction primaire en Alsace*, par Rodolphe Reuss., Berger-Levrault éditeur, Paris, 1910.

Mais cette vue — vue de grand politique, insistons-y — resta personnelle à Colbert. Ni ses bureaux, ni ses successeurs ne saisirent l'importance de l'enseignement du français, sur les terres où il n'était point parlé.

D'ailleurs, il convient de rappeler quelle était la situation exacte de l'Alsace, vis-à-vis de la royauté française. Le roi ne pouvait y avoir d'influence réelle que dans les pays qu'il possédait directement : Ensisheim et les places fortes de Huningue, Neuf-Brisach et Fort-Louis. Son autorité était limitée dans les autres parties de l'Alsace, où le vrai maître était le seigneur ou la ville libre, seigneurs et villes libres nommant les baillis et les prévôts, L'intendant et ses subdélégués — de qui relevaient en principe les questions d'enseignement — ne pouvaient ici intervenir utilement, puisqu'ils n'avaient pas dans leurs mains les prévôts et les baillis. L'eût-il voulu, le gouvernement français n'aurait donc pu organiser cet enseignement de la langue nationale, dont nous ne saurions nous désintéresser aujourd'hui.

Aussi dépourvu de tout appui officiel (1), le corps

(1) P. Vidal de la Blache, *la France de l'Est*, in-8° (Colin). M. Vidal de la Blache, dit excellemment :

« On s'étonne d'abord de son indifférence (de l'ancien régime) à l'enseignement de la langue française en Alsace. Qu'il n'ait pas songé à battre en brèche l'usage du dialecte alsacien, création populaire dans laquelle se personnifie l'Alsace : rien de mieux. Ces diversités dialectales existaient, sans offusquer l'autorité, dans tout le royaume ; on parlait et prêchait breton, gascon, provençal. Tant de variétés coexistaient harmonieusement dans notre vie nationale, qu'une de plus ne tirait pas à conséquence. Mais un effet de la politique suivie était de laisser à l'allemand la signification de langue officielle dans la plupart des actes publics. Un arrêté fut pris, il est vrai, pour remédier à cette anomalie ; mais on dut aussitôt renoncer formellement enseignant alsacien, sous l'ancien régime, fut-il généralement composé de maîtres sans savoir D'après les lettres d'un voyageur anglais en Alsace, au début de la Révolution, l'état des écoles était lamentable :

Dans cette province, écrit l'auteur de ces lettres, les enfants apprennent encore bien rarement à écrire, à lire, à calculer. Oui, les maîtres d'école ne sont ici que de misérables paysans ignorants ou ruinés, ou des cochers, des palefreniers ou autres décrotteurs renvoyés de la ville, ou des garçons d'auberge congédiés. Bref, on les compte ici parmi le rebut de la société (1).

M . Reuss estime cette appréciation exagérée. Mais il semble faire sienne en l'appliquant à tout l'enseignement alsacien cette déclaration du district d'Altkirch du 25 septembre 1790 :

Le Conseil voit avec peine que, quelque importantes que soient les places de maîtres d'école, elles sont cependant confiées dans la plupart des communautés à des personnes absolument inaptes et peu instruites (2).

à son exécution, et pour cause : il eût été impossible de trouver en maintes localités, même importantes, un interprète. Fit-on du moins après cette expérience, quelque effort pour répandre la connaissance de notre langue ? Nullement. L'Etat n'estimait point que la question fût de son domaine. L'idée aujourd'hui régnante, aussi bien en Amérique qu'en Europe, que la langue nationale est un patrimoine commun auquel tous doivent participer, n'était pas entrée dans l'esprit du temps. Ce n'est qu'en 1768 qu'on s'avisa pour la première fois « de fonder des écoles où le français serait enseigné ». On trouvait évidemment que l'ascendant de notre langue était suffisamment assuré par la prééminence universelle dont elle jouissait. Cette fierté pouvait être justifiée alors, mais il y eut quelque imprévoyance à y persévérer dans la suite. »

(1) Reuss, id., p. 18.

(2) Reuss, id., p. 19.

Il devait en effet être bien difficile de recruter des maîtres d'école, étant donné la modicité des salaires qui leur étaient offerts. Bien souvent les pauvres hères qui se consacraient à l'enseignement ne s'y décidaient que parce qu'ils étaient incapables d'exercer un autre métier, tels ces instituteurs d'Obenheim, qui ne savaient pas remonter l'horloge du village (1).

Toutefois en cette matière, il convient de se garder de toute généralisation hâtive. L'Alsace du XVIIIe siècle dut avoir comme les autres provinces françaises quelques maîtres d'une certaine valeur. L'abbé Allain dans son livre sur *l'Instruction primaire en France avant la Révolution* (2), et M. Babeau, dans son étude sur *le Village sous l'ancien régime* (3) nous signalent que certains maîtres d'école devenaient notaires royaux. C'est donc qu'ils avaient intelligence et savoir. Ce dut être le cas des instituteurs de Masevaux à la fin de l'ancien régime.

Dans la petite ville de Masevaux (district de Belfort), aujourd'hui chef-lieu de canton du département du Haut-Rhin, l'enseignement paraît avoir été mieux organisé que dans la plupart des communes de la Haute-Alsace.

Les instituteurs n'y furent pas, à vrai dire, de pauvres diables. Ils durent même y offrir certaines garanties à la population, puisque l'un d'eux y exerça ses fonctions pendant plus de quarante ans. Les quelques notes que je vais publier sur la famille de Jean-Georges Graff, né à Blotzheim le 9 novembre 1753, ont été rédigées d'après les papiers de la famille Graff.

(1) Reuss, id., p. 19, note 2.

(2) Abbé Allain, *l'Instruction primaire en France avant la Révolution* (Société bibliographique).

(3) Babeau, *Le village sous l'ancien régime*, Paris, 1882.

***

A la fin du XVIIIe siècle, Masevaux est une riche bourgade de 2.500 à 3.000 habitants sur laquelle domine un double pouvoir, celui de l'abbaye — une riche abbaye de femmes — et d'un prince d'Empire, le prince de Broglie, seigneur libéral.

Elle compte au premier rang de ses notabilités des familles industrielles, comme la famille D'Anthès, dont le chef signe : « D'Anthès, directeur des Forches. »

Ce n'est d'ailleurs ni l'abbaye, ni le prince de Broglie qui s'occupe des questions d'enseignement dans la ville de Masevaux, mais c'est la ville elle-même. Les écoles y sont surveillées par le magistrat. Elles y sont de deux sortes : une école allemande et une école française (on n'a pas l'idée, comme nous le verrons, de réunir dans le même local les deux enseignements). La première école est fréquentée par le populaire (je m'imagine qu'elle dut chômer parfois en été) ; la deuxième est fréquentée par la bourgeoisie et a les allures d'un pensionnat, sans internat (il en était de même à Strasbourg, où il y avait plusieurs écoles françaises à côté des écoles allemandes).

A Masevaux, à la veille de la Révolution, l'enseignement est donné par deux frères, les frères Graff, Mathias Graff, instituteur de français et Jean-Georges Graff, instituteur d'allemand. Ils étaient fils de Franz Graff, instituteur à Blotzheim (village du Haut-Rhin) et tous deux furent apparentés à d'autres instituteurs.

C'est que dans la région de Masevaux, la situation de maître d'école semble bien être une situation corporative avec le privilège, comme nous le verrons, de s'opposer à toute concurrence. — De même que dans les corporations, la maîtrise se transmettait de père en fils, de même nous voyons ici le fils succéder au père ou le gendre au beau-père (1).

Le tableau généalogique suivant l'établit clairement.

En 1760, François-Joseph Thomma, maître d'école (schulmeister), épouse Jeanne-Françoise Welzel, fille de l'instituteur Antonin Wetzel, maître d'école à Masevaux.

Du mariage de François Thomma et de Jeanne Wetzel naissent entre autres enfants deux filles ; elles épousent toutes deux un instituteur.

Françoise Thomma épousera Peter Kraft, schulmeister à Baltenheim, qui occupe successivement les postes de Baschwiller, de Cernay (d'après les contrats de vente qu'il passe avec la famille Graff, il est mentionné comme se trouvant à Baltenheim en 1790, à Baschwiller en 1807, à Cernay en 1816).

(1) La constatation que je fais du caractère corporatif des fonctions d'instituteur en Haute-Alsace, M. Babeau l'a déjà faite à propos des instituteurs de l'Aube. M. Babeau écrit en effet : « Dans les villages importants, le nouveau maître d'école est souvent un homme qui a fait ses preuves dans une paroisse inférieure en population. Quelquefois, c'est le fils qui succède au père ; à Villiers-Herbisse, les fonctions de maître se perpétuent dans la même famille de 1672 à 1799. On peut citer aussi une famille du nom de Tanche, qui fournit successivement plusieurs recteurs à deux paroisses voisines. »

(V. Babeau, l'*Instruction primaire avant 1789*, d'après des documents tirés des archives communales et départementales de l'Aube. Troyes, 1875. V. page 18.)

Citons aussi l'abbé Allain : « Une autre observation, qui semble assez concluante, c'est qu'en beaucoup de lieux les régents restaient fort longtemps en charge et avaient souvent leurs fils pour successeurs... Souvent les communautés trouvaient moyen de témoigner au père leur reconnaissance en lui donnant son fils pour successeur. » V. Abbé Allain, opuscule cité, p. 135.

Sa sœur Agnès Thomma épouse en 1783 Jean-Georges Graff, instituteur à Masevaux, fils de Frantz Graff, instituteur à Blotzheim.

Jean-Georges Graff a pour frère Mathias Graff, instituteur de français à Masevaux. Son fils Georges, comme nous le verrons, deviendra instituteur sous la Restauration en même temps que son petit-fils Henri sera adjoint à Georges Graff comme moniteur général à l'Ecole d'enseignement mutuel. Nous sommes donc en présence d'une véritable corporation familiale d'instituteurs. Le métier n'enrichissait pas son homme, certes, mais s'il ne l'avait point nourri, la famille Graff se serait-elle consacrée pendant un siècle environ à la carrière de l'enseignement ? (1)

Quelle est la situation de fortune de ces instituteurs ? Modeste sans doute ; mais ce ne sont point des miséreux, ce sont plutôt de petits bourgeois. Il existe dans leurs papiers de famille toute une littérature notariale.

Passeraient-ils ainsi des contrats, s'ils étaient vraiment les pauvres diables, dont nous parlent les historiens et les annalistes ? Les va-nu-pieds, que je sache ne vont point perdre leur temps par devant notaire !

(1) Notez que la bonne ville de Masevaux a donné d'autres instituteurs à l'Alsace. Pendant la Révolution, l'instituteur de Lauw se nomme Jacques Ehret. (Lauw est un village voisin de Masevaux, dont 3 km à peine le séparent.) Lorsque Jacques Ehret vient à décéder, sa femme demande le 24 frimaire an III l'autorisation de rentrer à Masevaux, dont elle est originaire. « Son mari aurait été appelé, il y a quelques années par les préposés de la commune de Lauw pour enseigner et instruire la jeunesse audit lieu. » *Registre municipal de Masevaux (Registre n° 6 du 3 mars 1794 au 14 janvier 1795).*

J'ai en mains le contrat de mariage (1) passé le 25 janvier 1760 entre le schulmeister François-Joseph Thomma et Jeanne Françoise Wetzel, fille du maître d'école de Masevaux (François-Joseph Thomma est sans nul doute le *provisor,* c'est-à-dire l'aide de celui-ci) :

L'époux, y est-il dit, promet de donner à son épouse de son propre bien et dans tous les cas, une somme de 200 livres tournois, comme libre et irrévocable don de noce (morgengab) (2).

De leur côté les parents de l'épouse s'engagent de donner à leur fille une somme de 150 livres tournois. C'est donc au total 450 livres tournois que possèdent nos jouvenceaux pour se mettre en ménage Enfin, continue le contrat :

Monsieur le père et Madame la mère de l'épouse promettent de donner aux jeunes mariés logement et pension aussi longtemps que M. Wetzel pourra faire le service de l'école. Dans cette promesse ne sont pas compris les enfants, s'il y en a, à l'entretien desquels les jeunes mariés devront pourvoir à leurs propres frais, et, quand M. Wetzel ne pourra plus faire son service les jeunes mariés se feront un devoir (l'époux ayant eu le poste de M. Wetzel) de loger et nourrir selon leur rang les parents de l'épouse (2).

(1) Les papiers de la famille Wetzel-Graff sont rédigés en patois alsacien. Je dois à l'obligeance de sœur Frieda de la très française congrégation des sœurs de la Divine Providence, ma collègue durant la guerre à l'école primaire supérieure de Masevaux, d'avoir pu les traduire. Qu'elle accepte ici mes sincères remerciements et mon meilleur souvenir de la précieuse collaboration qu'elle sut donner — avec un tact exquis — aux premiers instituteurs français en Alsace.

(2) Papiers de la famille Graff.

Par son contrat de mariage, signé le 4 janvier 1783, Jean-Georges Graff promet aussi à sa fiancée un morgengab de 300 livres tournois (1).

Une fois marié, Jean-Georges Graff a définitivement droit de cité à Masevaux. Son frère Mathias y a, lui aussi fondé une famille (2). Jean-Georges, ai-je dit, est le maître d'allemand, tandis que Mathias est le maître de français (3).

N'est-elle pas curieuse à souligner cette dualité d'enseignement dans une ville où le patois alsacien est la langue courante, tandis que l'allemand est la langue des actes officiels ?

En Alsace, nous dit Rodolphe Reuss, « l'enseignement se donnait tout entier en langue allemande, sauf dans les quelques villages du Ban de la Roche, de la Haute-Alsace et du Sundgau, où l'on a parlé de tout temps la langue française ou du moins un patois roman (4) ».

Mais à Masevaux où l'on ne parlait ni le français ni le patois roman, une école française a été pourtant organisée à la fin du XVIIIe siècle; elle constitue sans doute une exception, une exception qu'il est intéressant de signaler.

Masevaux était même une cité privilégiée, si on la compare aux bourgs des autres provinces françaises, où la classe se faisait souvent dans une auberge ou dans une étable, pour permettre aux enfants d'avoir plus chaud pendant l'hiver. Ici à Masevaux, il existe deux bâtiments spéciaux pour l'enseigne-

(1) *Papiers de la famille Graff.*

(2) En 1775 Pierre Mathias Graff perdit 3 enfants *(registres mortuaires de Masevaux, archives municipales).*

(3) Les registres paroissiaux de Masevaux désignent Mathias Pierre Graff sous le vocable de *gallici idiomatis instructor* ou de *ludimodérator idiomatis gallici.*

(4) Reuss, id. p. 24.

ment (1), un bâtiment dit école française et un autre dit écolle allemande. Je puis même indiquer que le maître de français jouit d'un grand jardin (2) et que le maître d'allemand dispose pour son logement de 8 pièces (3).

Je ne puis préciser à partir de quelle date il exista une école française à Masevaux, mais sa fondation est certainement antérieure à 1771. — En effet, en 1771, Mathias-Pierre Graff y enseigne déjà le français et considérant qu'il a le privilège de cet enseignement, il intente le 2 septembre 1771, un procès devant le bailli des seigneuries réunies de Masevaux et de Rougemont, à Maria Lysch, femme du sieur Nivois, pour qu'il lui soit fait défense d'enseigner le français sous peine de 20 livres d'amende.

Parties ouïes, le Magistrat juge que la dame Nivois ne pourra plus recevoir chez elle que des petites filles pour leur apprendre à tricoter et à coudre ; elle pourra leur enseigner le catéchisme et les lettres françaises ; mais l'enseignement de l'écriture lui est interdit et défense expresse lui est faite d'avoir pour élèves des petits garçons

Mathias-Pierre Graff avait gain de cause, du moins en partie ; mais lui aussi n'était pas sans reproche, puisqu'il ne tardait pas à être accusé d'ensei-

(1) Le 26 avril 1819, le Conseil municipal de Masevaux décide d'échanger la vieille maison inoccupée dite école française, contre un terrain appartenant au sieur Ley, situé sur la place (Münsterplatz) devant l'église paroissiale. (*Archives municipales de Masevaux, reg. des délibérations du Conseil municipal.*)

(2) *Archives municipales de Masevaux. Etat du traitement du maître d'allemand et du maître de français pour l'année 1792.*

(3) *Reg. des délibérations du Conseil municipal* (délibérations du 11 février 1819).

gner l'allemand à l'école française (1). Amusantes querelles de pédagogues qui font penser aux querelles corporatives des rôtisseurs et des cuisiniers (2).

Durant que Mathias-Pierre Graff enseignait en son école française, son frère Jean-Georges Graff enseignait l'allemand en son école dite allemande .La tourmente révolutionnaire survint. Les deux frères restèrent à leurs postes et j'ai pu retrouver l'état de leurs émoluments pour l'année 1792. Cet état le voici :

(1) Ces renseignements sur les procès de Pierre Mathias Graff m'ont été communiqués par M. Gendre, un érudit de Masevaux, qui les a lui-même trouvés dans les registres de justice des seigneuries réunies de Masevaux et de Rougemont. Je n'ai pu consulter le registre de 1771 ; durant la guerre les archives de Masevaux étaient dans un complet désordre et mes recherches pour retrouver ce registre ont été vaines.

(2) Le caractère de privilège attaché aux fonctions enseignantes a été aussi établi par l'abbé Allain. Celui-ci écrit en effet : « Une fois établi, le maître d'école défend sa situation et résiste énergiquement aux rivaux qui veulent lui ravir ses élèves. En 1667 dans la commune de Castres (Gironde), le sieur Congnet, régent depuis 35 ans, adresse à l'Archevêque une requête aux fins de faire interdire à peine d'excommunication ou telle autre que de droit, au sieur Pierre de la Boëssière, natif de Lannion, en Bretagne » de tenir école dans cette paroisse. Celui-ci présente de son côté au prélat une requête longuement motivée par laquelle « au nom de la liberté publique », il demande une approbation, se fondant sur ce que son rival « devenu notaire royal et procureur postulant de plusieurs paroisses ne pouvait vaquer comme il faut à enseigner ses escoliers ».

V. Abbé Allain, *op. cit.* p. 134 *(de la condition des maîtres).*

Etat des sommes qui ont été payées aux maîtres allemands et français pour l'année 1792.

Pour le maître allemand :

Pour son traitement annuel.........	**163 l. 6 sols 8 den.**
Pour son aide (provisor)...............	**30 l.**
De même pour 6 cordes de bois de chauffage (klafterholz)..............	**72 l.**
De même pour 26 quarterons de froment (dinkel).......................	**281 l. 13 sols**
De même pour 14 quarterons de seigle (roppen)...........................	**247 l. 10 sols**
Pour le loyer de sa maison et un jardin situé à côté..........................	**80 l.**
Pour le maître français et le paiement d'une année.......................	**300 l.**
Pour 10 cordes de bois de chauffage..	**120 l.**
Pour le transport du bois de chauffage	**80 l.**
Pour le loyer de sa maison et d'un grand jardin devant la porte Martin	**72 l.**
Total...........	**1446 l. 10 sols**

Etabli à Masmünster le 22 juillet 1793 dans la 2e année de la République française (1).

En dehors du logement et des prestations en nature, le maître français gagnait donc par an 300 l., le maître d'allemand **163 l. 6** sols 8 deniers et son aide (son provisor) 30 livres.

Quelle fut l'attitude des deux frères Graff durant la période révolutionnaire ? Malgré toutes mes recherches, je n'ai pu retrouver aucun document à ce sujet.

Jean-Georges Graff était, en même temps qu'instituteur, maître de musique et organiste. En cette qualité il dut prendre partie soit pour Wetzel, le curé doyen de Masevaux, qui refusa de prêter serment à la Constitution civile du clergé, soit pour son successeur le curé constitutionnel Weiss, élu à

(1) *Registre de la municipalité de Masevaux* (1793).

la place de Wetzel par les électeurs du district de Belfort (1).

Ainsi que l'écrit M. Reuss, le schisme qui suivit la Constitution civile du clergé eut son influence sur l'école primaire en Alsace, qu'il contribua souvent à désorganiser. Le prêtre devait prêter serment ; son organiste, le maître d'école le suivait d'ordinaire dans son refus ou dans son acceptation ; d'ailleurs les instituteurs devaient eux aussi obéir au décret du 15 avril 1791, qui leur imposait le serment de fidélité à la Constitution (2).

Que fit Jean-Georges Graff ? Je ne sais ; les

De Thann) v. *Histoire sommaire de l'ancienne seigneurie de Masevaux par Christian Pfister, p. 74.* Le curé constitutionnel Weiss fut soutenu par le parti avancé. Il créa, en octobre 1792, la société des amis de l'Egalité et « promit de poursuivre l'aristocratie jusque dans ses derniers retranchements ».

(1) *Bulletin de l'enseignement des territoires alsaciens* (bulletin édité durant la guerre par l'imprimerie C. Lefranc,

( ) Pour avoir une idée de l'attitude de certains instituteurs réfractaires aux idées nouvelles, il faut lire dans le livre de M. Reuss la pittoresque histoire de François Stumpf, instituteur à Studwiller (Bas-Rhin). (V. Reuss, id. p. 55). François Stumpf refuse d'assister le curé constitutionnel Seybold dans ses fonctions sacerdotales. Il répond aux observations des autorités « qu'il est constitué pour l'instruction des enfants de la commune et non pour le service de l'église ». Mais le Directoire formule alors cet arrêté « tout à fait clérical au fond », que les fonctions d'un maître d'école de campagne ne peuvent se borner uniquement à l'enseignement des enfants, mais doivent s'étendre aussi à servir les curés dans leurs fonctions pastorales et il enjoint à Stumpf « de faire le service de marguillier sous peine de destitution ».

Celui-ci ayant persisté dans son refus, le Directoire le destitue « considérant que les fonctions d'un maître d'école dans les campagnes consistent aussi à assister, en qualité de sacristain les desservants des paroisses, que Stumpf a formellement refusé de le faire, et a, par là, ouvertement archives de Masevaux sont muettes sur son rôle ; mais une tradition familiale, très nettement conservée, le représente comme un ardent catholique. En l'an II, sans doute au moment où le culte de la Raison fut célébré à Masevaux dans l'église du ci-devant chapitre (1), il aurait organisé une procession à l'église de Huppach, hameau voisin de Masevaux et lieu de pèlerinage encore fréquenté aujourd'hui. — La bonne grand'mère, qui a recueilli cette tradition, m'assure qu'il faillit être arrêté en la circonstance (2).

Cet incident ne dut pas nuire à sa carrière de maître d'école, puisque Jean-Georges Graff et son frère Mathias continuèrent leur enseignement durant toute la période révolutionnaire. Nous allons même voir qu'à chaque changement de législation scolaire, les candidats aux deux postes d'instituteurs de la ville de Masevaux seront toujours les deux frères Graff. Elle est donc bien vraie l'observation de M. Reuss : les candidats aux fonctions prévues par les nouvelles lois scolaires, ce sont « les anciens maîtres d'école mis officiellement au rancart, mais que les communes étaient trop heureuses de garder (3).

manifesté son éloignement pour la Constitution ; qu'il est dangereux par suite de lui confier plus longtemps l'éducation de la jeunesse. » *(Procès verbal du Directoire du département du Bas-Rhin, 21 février 1792).*

(1) Ch. Pfister. id. p. 74.

(2) Je tiens l'anecdote ci-dessus de Mme Bontemps, petite-fille de Jean Georges Graff. J'ai pu recueillir la même tradition à Baume-les-Dames auprès d'autres descendants de l'instituteur de Masevaux. Graff, en l'absence de prêtre avait sans doute célébré une de ces « messes aveugles » dont parle M. Mathiez dans son livre : *La Révolution et l'Eglise,* v. chapitre IV : *Le régime légal des cultes sous la première séparation,* v. p. 177.

(3) Reuss. id. p. 115.

Les révolutionnaires avaient compris de quelle importance était l'instruction du peuple pour la bonne organisation du régime démocratique qu'ils voulaient instaurer. Aussi les projets scolaires se succédèrent-ils. Rappelons le grand projet de Condorcet, les idées de Le Peletier de Saint-Fargeau, de Robespierre et arrêtons-nous au décret du 29 frimaire an II (19 décembre 1793), dit décret Bouquier, dans lequel l'idée d'obligation scolaire fait pour la première fois son apparition.

D'après ce décret l'enseignement est libre, il sera fait publiquement. Les citoyens et citoyennes, qui voudront user de la liberté d'enseigner seront tenus :

1° de déclarer à la Municipalité ou section de la commune, qu'ils sont dans l'intention d'ouvrir une école ;

2° de désigner l'espèce de science ou art qu'ils se proposent d'enseigner ;

3° de produire un certifical de civisme et de bonnes mœurs.

Les citoyens et citoyennes qui se voueront à l'enseignement seront appelés instituteurs ou institutrices. Ils seront salariés par la République à raison du nombre des élèves qui fréquentent leurs écoles.

Pour chaque enfant, ils recevront annuellement l'instituteur, 20 livres, l'institutrice 15 livres.

Les parents qui n'enverront pas leurs enfants à l'école pourront être condamnés à une amende égale au quart de leurs contributions.

Les prescriptions du décret du 29 frimaire sont appliquées à Masevaux et quels candidats instituteurs allons-nous rencontrer ? Mathias-Pierre Graff instituteur de langue française et Pierre Graff, instituteur de langue allemande en même temps que professeur de musique. A la date du 4 thermidor an II, la Municipalité de Masevaux prend la délibération suivante :

« Vu par la Municipalité du Conseil général de la

commune de Masevaux, l'extrait de la délibération du Comité d'Instruction de la Société populaire révolutionnaire de cette commune du 3 de ce mois.

La Municipalité arrête que la loi du 29 frimaire dernier n° 1781 sera lue et publiée de nouveau à la décade prochaine au Temple, dans les deux langues.

La Municipalité a donné acte aux citoyens Pierre-Mathias Graff et Georges Graff de leur comparution et déclaration ainsi que de la commission qu'ils font d'instruire les premiers éléments de la langue française pour la lecture, l'écriture et l'arithmétique et de la déclaration du dit Georges Graff comme quoi il ouvrira une école de musique vocale, du forte-piano et du violon.

Et vu que le nombre des élèves s'élèvera au-dessus de 400, qu'un seul instructeur serait insuffisant, la Municipalité sus-dite estime que la rétribution du dit instituteur doit être réglée sur le pied de 20 livres par tête de chaque élève, sauf à l'administration à aviser autrement.

Finalement que conformément à l'article 5 de la 3e section de la loi ci-dessus, le livre d'inscription sera ouvert pour la décade prochaine et que l'ouverture de ce livre sera également publiée.

Fait en séance à Masevaux le 4 thermidor, 2e année républicaine une et indivisible.

Le décret du 29 frimaire visait l'organisation d'écoles nationales dans toutes les communes de France. Celui du 8 pluviôse (27 janvier 1794) ordonna l'établissement d'instituteurs de langue française dans les campagnes de plusieurs départements, dont les habitants parlaient des idiomes étrangers. Le Haut-Rhin et le Bas-Rhin étaient au nombre de ces départements (1).

(1) Les départements visés par le décret étaient le Morbihan, le Finistère, les Côtes-du-Nord, la Loire-Inférieure, le Haut et le Bas-Rhin, la Corse, la Moselle, le département du Nord, le Mont-Terrible, les Alpes-Maritimes, les Basses-Pyrénées. Un décret additionnel du 30 pluviôse, an II, dé-

Aucun instituteur de langue française ne pouvait être choisi parmi les ministres d'un culte quelconque ; ils devaient être nommés par les représentants du peuple, sur les indications des sociétés populaires (art. 3) :

Ils seront tenus d'enseigner tous les jours la langue française et la déclaration des droits de l'homme alternativement à tous les jeunes citoyens des deux sexes, que les pères, mères et tuteurs seront obligés d'envoyer dans les écoles publiques.

Les jours de décade, ils donneront lecture au peuple et traduiront vocalement les lois de la République... (art. 4).

Ils recevront du Trésor public un traitement de 1.500 livres par an (art. 5).

Cet intéressant décret, rendu en vue de répandre la langue française et d'assurer l'unité de la nation, avait été voté à la suite d'un rapport très documenté de Barère. Après avoir fait l'éloge de la langue nationale, Barère avait montré la nécessité de faire disparaître les patois et les idiomes dont l'usage est « contraire à la propagande de l'esprit public et présente des obstacles à la connaissance des lois de la République et à leur exécution ».

Les idiomes, avait-il déclaré, servent les fanatiques et les ennemis de la patrie. « Dans les départements du Haut et du Bas-Rhin, qui donc a appelé, de concert avec les traîtres, le prussien et l'autrichien sur nos frontières envahies ? N'est-ce pas l'habitant des campagnes qui parle la même langue que nos ennemis, et qui se croît ainsi bien plus leur frère et leur concitoyen, que le frère et le concitoyen

cida qu'il serait établi un instituteur de langue française dans chaque partie du département de la Meurthe, dont les habitants parlaient un idiome étranger et dans les communes du département des Pyrénées-Orientales qui parlaient exclusivement un idiome catalan.

des Français qui lui parlent une autre langue et qui ont d'autres habitudes ?

« Le pouvoir de l'identité du langage a été si grand qu'à la retraite des Allemands, plus de 20 000 hommes des campagnes du Bas-Rhin sont émigrés. — L'empire du langage et de l'intelligence qui régnait entre nos ennemis d'Allemagne et nos concitoyens du département du Bas-Rhin est si incontestable qu'ils n'ont pas été arrêtés dans leur émigration par tout ce que les hommes ont de plus cher, le sol qui les a vus naître, leurs dieux pénates et les terres qu'ils avaient fertilisées. ».

Et Barère de conclure :

Il faut populariser la langue ; la langue d'un peuple libre doit être une et la même pour tous. Donnons, disait-il, des instituteurs de langue française à toutes les communes, où le français n'est pas la langue courante ; il y a une œuvre de civisme à accomplir ; les sociétés populaires y contribueront ; elles indiqueront des candidats ; c'est de leur sein, c'est des villes que doivent sortir ces instituteurs, c'est par les représentants du peuple envoyés pour établir le gouvernement révolutionnaire qu'ils seront choisis (1).

Conformément au décret du 8 pluviôse an II, c'est en effet par un arrêté du citoyen Foussedoire, représentant du peuple dans le département du Haut-Rhin et dans les Vosges que le citoyen Mathias-Pierre Graff fut nommé instituteur de la langue

(1) V. Guillaume, *Procès-verbaux du comité d'instruction publique de la Convention nationale*, page 339-355. Rapport et projet de décret présentés, au nom du Comité de Salut public, sur les idiomes étrangers et l'enseignement de la langue française, par B. Barère, dans la séance du 8 pluviôse, l'an 2e de la République.

française à Masevaux. Voici le texte de sa nomination :

Liberté, égalité, fraternité ou la mort.

Foussedoire représentant du peuple dans le département du Haut-Rhin, vu la pétition du citoyen Mathias Graff, instituteur à Masevaux, par laquelle il demande d'être admis au nombre des instructeurs de langue française créés par la loi du 8 pluviôse, vu aussi le certificat de civisme et de capacité au dit citoyen par la municipalité de Masevaux, visé et approuvé par le comité de surveillance et le directoire du district de Belfort, vu finalement l'arrêté de présentation de ce citoyen fait par la société de Masevaux en date du 3 thermidor.

Arrête que le citoyen Mathias-Pierre Graff remplira à Masevaux les fonctions d'instructeur de langue française aux termes de la loi du 8 pluviôse. Charge l'agent national du district de Belfort de l'exécution du présent arrêté.

Huningue le 26 thermidor de l'an II de la République française, une et indivisible. Signé : Foussedoire. Enregistré à Masevaux le 28 thermidor de l'an II de la République française, une et indivisible (1).

C'est donc de Huningue que Foussedoire ratifia le choix fait par la société populaire de Masevaux du citoyen Mathias-Pierre Graff comme instructeur de la langue française. Il se peut que notre maître d'école ne fût pas pour lui un inconnu. Le 19 floréal an II, le représentant du peuple avait en effet séjourné à Masevaux et y avait épuré la municipalité et le comité de surveillance (2).

Au cours de sa mission, Foussedoire devait se préoccuper constamment de l'instruction populaire. Le 6 Prairial, il écrivait de Colmar au Comité de

(1) *Registres de la Municipalité de Masevaux.* Procès-verbal du 28 thermidor, an II.

(2) *Id.* Procès-verbal de la séance du 19 Floréal an II. Voir Chr. Pfister, *id.*, p. 74.

Salut public « les progrès de la raison y sont lents (y = dans le Haut-Rhin) et les prêtres, qui abusent toujours des lois mêmes les plus favorables à la liberté des cultes contribuent toujours à y entretenir un foyer de fanatisme que l'ignorance et la diversité des langues ne peuvent qu'alimenter davantage. Les sociétés populaires travaillent sans relâche à y propager les lumières. Malheureusement les instructeurs de langue française, qui doivent être établis dans le département, sont extrêmement difficiles à trouver je m'occupe surtout et d'une manière particulière de cet objet intéressant (1) ».

En maintenant à son poste Mathias-Pierre Graff, le représentant du peuple Foussedoire imitait les autorités constituées du Haut et du Bas-Rhin qui partout où elles le pouvaient, utilisaient les vieux magisters pour enseigner le français et la déclaration des droits de l'homme.

Mais le régime du décret du 29 frimaire, ainsi que celui du 8 pluviôse ne tardèrent pas à être modifiés. Après termidor, les lois scolaires, tout comme les

(1) V. Aulard, *Recueil des actes du Comité de Salut public.* Au cours de sa mission, Foussedoire devait à diverses reprises se préoccuper de la nomination des instituteurs de langue française. Le 29 Fructidor, il écrivait de Strasbourg au Comité de Salut public : « on peut conclure de ces détails que le peuple est en ce moment dans le Bas-Rhin, ce qu'il est partout. A la vérité, il n'est pas aussi éclairé que celui de l'intérieur. L'idiome s'y oppose. Mais en multipliant les instituteurs français, on l'amènera sous peu de temps à embrasser avec plus d'ardeur encore les principes qui déjà ont jeté de profondes racines dans plusieurs communes importantes de ce département ».

Le 1er jour des Sans-Culottides an II, il écrivait encore au Comité de Salut public : « J'ai épuré les autorités constituées, j'ai nommé des instituteurs qui, d'après le témoignage des sociétés populaires, réunissaient à un patriotisme pur des lumières et des talents. » V. Aulard, *Recueil des actes.*

institutions politiques deviennent moins démocratiques.

La loi Bouquier faisait désigner les instituteurs par les sociétés populaires. La loi Lakanal du 27 brumaire an III (17 novembre 1794) les fait désigner par un jury d'instruction de 3 membres ; sans doute, elle reconnaît le principe de l'élection populaire, mais en suspend l'application « pendant la durée du gouvernement révolutionnaire ».

Aux termes de cette loi, « les écoles primaires ont pour objet de donner aux enfants de l'un et l'autre sexe, l'instruction nécessaire à des hommes libres ». Il y aura une école par 1.000 habitants ; une seconde école ne pourra être établie que lorsque la population s'élèvera à 2.000 âmes. Dans chaque école on enseignera aux élèves 1° à lire et à écrire et les exemples de lecture rappelleront leurs droits et leurs devoirs ; 2° la déclaration des droits de l'homme et du citoyen et la constitution de la République Française ; 3° on donnera des instructions élémentaires sur la morale républicaine ; 4° les éléments de la langue française, soit parlée, soit écrite ; 5° les règles du calcul simple et de l'arpentage ; 6° les éléments de la géographie et de l'histoire des peuples libres ; 7° des instructions sur les principaux phénomènes et les productions les plus usuelles de la nature. On fera apprendre le recueil des actions héroïques et les chants de triomphe.

L'enseignement sera fait en langue française et l'idiome du pays ne pourra être employé que comme un moyen auxiliaire.

Ce décret du 27 brumaire an III devait être appliqué à Masevaux, tout comme celui du 29 frimaire et du 8 pluviôse an II et les instituteurs choisis par le jury d'instruction de Belfort pour enseigner à Masevaux devaient être encore une fois les deux frères Graff.

Le texte de leur nomination était ainsi libellé :

Extrait du registre du jury d'instruction publique du district de Belfort, département du Haut-Rhin, séance du 22 pluviôse, 3e année de la République française une et indivisible.

Ce jour, le jury d'instruction publique assemblé, s'est présenté le citoyen Mathias-Pierre Graff, ci-devant maître d'école de Masevaux, muni du vocat de cette commune qui le demande pour continuer l'enseignement, ainsi que des certificats qui attestent ses moralités, capacités et civisme, lequel examiné sur les qualités ci-dessus a obtenu l'unanimité des suffrages du jury, qui l'a élu et nommé instituteur de Masevaux à charge par lui de se présenter dans le plus bref délai au directoire du district, pour en obtenir la confirmation en cette qualité... (1).

Par un document de même nature rédigé dans les mêmes termes, les registres de la municipalité de Masevaux nous apprennent que le 2 germinal an III de la République française une et indivisible, devant le jury d'instruction du district de Belfort « s'est présenté le citoyen Georges Graff, de Masevaux, muni de bons certificats et du vocat de cette commune qui le demande pour second instituteur à raison de sa population (2) ».

La candidature de Georges Graff, comme celle de son frère Mathias est naturellement agréée. Il y a donc deux instituteurs à Masevaux toujours les mêmes : les deux frères Graff. Mais il apparaît bien

(1) *Registre de la Municipalité de Masevaux.* Période révolutionnaire, registre n° 6.

(2) Loi du 27 brumaire an III. Art. 4 du chap. Ier : « Dans les lieux où la population est pressée, une seconde école ne pourra être établie que lorsque la population s'élèvera à 2.000 individus, la troisième à 3.000 habitants complets et ainsi de suite ». La ville de Masevaux avait donc au moins 2.000 habitants, puisqu'un deuxième instituteur lui était accordé.

qu'il n'y a plus deux écoles : la distinction entre l'école française et l'école allemande n'existe plus.

Le décret du 27 brumaire an III se trouvait donc appliqué à Masevaux, comme les dispositions législatives antérieures. Ce décret représentait un grand effort, tout au moins théorique, en vue de l'organisation de l'enseignement du peuple, qui devait être obligatoire et gratuit. « Malheureusement, la patience, les maîtres et l'argent, l'argent surtout, manquèrent à la fois. Les hommes prudents, les esprits positifs voulurent décharger le budget de la République des dépenses énormes qu'allaient imposer les vingt-trois mille écoles qu'il s'agirait de bâtir ou d'entretenir, les vingt-trois mille maîtres ou maîtresses qu'il faudrait salarier. D'autre part les esprits rétrogrades, qui allaient dominer de plus en plus dans les sphères politiques, ne voyaient aucune utilité à faire de leurs futurs électeurs des citoyens pensant par eux-mêmes, ni à répandre un minimum d'instruction dans les campagnes ; bientôt quelques rêveurs obstinés resteront seuls fidèles aux principes généreux proclamés par la Convention nationale en novembre 1794 (1) ». Le décret du 27 brumaire an III était à peine promulgué que l'on se remettait au travail au sein du Comité de l'Instruction publique pour le modifier profondément. Un an après, l'enseignement public en France était organisé sur de nouvelles bases par la loi du 3 brumaire an IV.

Cette loi qui marque une régression profonde sur les lois antérieures de la Convention, en matière d'éducation nationale, ne prévoyait plus une école par 1.000 habitants, mais seulement une ou plusieurs écoles primaires dans chaque canton d'après le bon vouloir des administrateurs du département.

L'institution des jurys était maintenue ; mais le

(1) Reuss. cit. p. 179.

jury ne fait plus qu'examiner les titres des candidats ; ceux-ci sont nommés par les administrations départementales.

Le programme d'enseignement est réduit à la lecture, à l'écriture, au calcul et aux éléments de la morale républicaine.

Les instituteurs n'ont plus de traitement ; ils n'ont plus droit qu'au logement et à la jouissance d'un jardin. Ils recevront de chacun de leurs élèves une rétribution, mais un quart de la population scolaire pourra être dispensé des frais d'écolage pour indigence (cette règle sera appliquée à Masevaux, même à l'époque de la Restauration).

La situation de Mathias et Jean-Georges Graff ne faisait donc qu'empirer. N'ayant plus droit qu'à la rétribution de leurs élèves, leur situation était analogue à celle du pâtre communal, qui lui aussi recevait une allocation pour chaque tête de bétail à lui confié. Aussi nous paraît-il tout à fait juste le jugement de J. Guillaume sur la loi du 3 brumaire an IV.

« Cette loi, dit-il, est le témoignage de la déchéance intellectuelle et morale de la Convention. Dans l'enseignement primaire, on a renoncé à la gratuité et à l'obligation et l'instituteur redevient le misérable magister de l'ancien régime, réduit pour vivre aux redevances de ses élèves. L'œuvre qu'avaient rêvée les meilleurs parmi les hommes de la Révolution était manquée, leur vaste entreprise avait avorté... (1) ».

Il est certain qu'à Masevaux les idées de Le Peletier de Saint-Fargeau et de Robespierre, en ma-

(1) C'est un peu partout dans toute la France que les instituteurs de l'ancien régime ont continué leurs fonctions pendant la Révolution. L'abbé Allain écrit (p. 135, voir opuscule cité) : « M. Fayet a donné un très curieux tableau des maîtres d'école de la Haute-Marne, qui, entrés en fonction sous l'ancien régime, ont achevé leur carrière d'instituteur après la Révolution. Bon nombre d'entre eux

tière d'éducation nationale, furent loin d'être appliquées. quand on voit les deux magisters de l'ancien régime maintenus à leur poste durant toute la période révolutionnaire ; peut-être avaient-ils su donner des gages à tous les partis : peut-être aussi dans cette bonne cité de Masevaux, tranquillement assise entre deux chaînons des Vosges, loin de l'agitation des grandes villes, leur avait-on tout simplement demandé de faire leur métier de pédagogues sans se soucier de leurs antécédents politiques. Qu'advint-il d'eux au temps du Consulat et de l'Empire ? En ce qui concerne Mathias-Pierre Graff, je perds sa trace : mais Jean-Georges Graff, lui, continua son enseignement durant toute la période napoléonienne.

Il dut même donner des gages au régime, puisqu'il vit son fils désigné pour faire partie du contingent des gardes d'honneur.

Les gardes d'honneur n'avaient été tout d'abord qu'une troupe de parade utilisée uniquement pour servir d'escorte à l'Empereur. Mais quand la cavalerie eut disparu dans les plaines de Russie, Napoléon voulut pour la reconstituer, utiliser les gardes d'honneur, sortis pour la plupart de familles riches et habitués aux exercices d'équitation. Le Sénatus-Consulte du 3 avril 1813 et le décret impérial du 5 du même mois prévirent la formation de quatre régiments de gardes d'honneur, dont les uns devaient s'équiper à leurs frais, tandis que les autres, les moins fortunés, devaient être équipés sur un fonds commun constitué au moyen de contributions extraordinaires.

Le 5 août 1813 un des fils de Jean-Georges Graff reçoit du Préfet du Haut-Rhin la lettre suivante :

comptaient en 1789, 10, 20, 25 et 34 ans de service dans leur école. » (Fayet, *Recherches sur les écoles de la Haute-Marne*, p. 35).

PRÉFECTURE DU HAUT-RHIN
1re Division Colmar le 5 août 1813.

Le Comte de l'Empire, chambellan de S. M. l'Empereur, Chevalier de la Légion d'Honneur et Préfet du Département du Haut-Rhin.

A Monsieur Graff fils, chez son père, instituteur à Masevaux.

Je m'empresse de vous prévenir, Monsieur, que je vous ai désigné pour faire partie du contingent des gardes d'honneur de mon Département. Vous voudrez bien en conséquence vous rendre à Colmar, aussitôt la présente reçue, afin que je puisse vous diriger sur Metz où vous serez habillé, monté, et équipé. Comme vos facultés ainsi que celles de vos parents ne vous permettent pas de pourvoir à ces frais, ils seront imputés sur le fonds commun.

J'ai l'honneur de vous saluer.

Signé : DE LA VIEUVILLE.

Le 21 août, le fils Graff était habillé, monté et équipé et affecté au 2e régiment des gardes d'honneur.

La note que j'ai retrouvée aux archives départementales de Colmar au sujet de son incorporation le représente ainsi (1) :

Graff Georges, né le 23 mai 1793, taille 1 m. 680, éducation soignée, bonne constitution, habitude du cheval, aptitude au service militaire. Le père est un petit propriétaire, peu fortuné, faisant valoir par lui-même, estimé, comme tenant à une honnête famille, mais sans considération personnelle. La valeur de son bien est estimée à 1200 frs. La note ajoute : Le père fera une petite pension à son fils, qui sera équipé sur le fonds commun.

(1) Voir *Archives départementales de Colmar*. Dossier des gardes d'honneur. Ce dossier, fort intéressant, permettrait de faire une curieuse monographie sur les gardes d'honneur du Haut-Rhin.

Le document est précieux : 1200 fr.. telle est la somme à laquelle est estimée la fortune en capital de Jean-Georges Graff ; je crois cette estimation au-dessous de la vérité; le revenu d'un capital de 1200 fr. n'aurait pas permis à notre maître d'école de verser à son fils la petite pension qu'il s'était engagé à lui faire. Mais il est certain que notre garde d'honneur devait faire piètre figure à côté des jeunes gens qui s'équipaient à leur frais et qui eux avaient en moyenne de 8 à 10.000 fr. de rente de biens fonds.

Autre constatation à faire : la note que je viens d'analyser représente le père Graff comme un petit propriétaire, mais oublie de mentionner sa qualité d'instituteur. Ne nous étonnons point. Lisons l'art. 14 du décret du 5 avril 1813 qui énumère les personnes appelées à la composition des régiments de garde d'honneur; nous trouvons mentionnés sur la liste de ces personnes les membres de la légion d'honneur et leurs fils, les chevaliers, barons, comtes et ducs et leurs fils, etc. Si dans le dossier du garde d'honneur, Georges Graff, la profession d'instituteur exercée par son père est passée sous silence, c'est qu'il ne fallait point permettre aux fils de l'aristocratie napoléonienne de rougir de leur camarade d'origine modeste. La bureaucratie de ce temps avait de la pudeur !

Pour notre étude, la nomination de Georges Graff comme garde d'honneur est précieuse : elle nous permet de préciser la situation financière et politique du vieil instituteur Jean-Georges Graff.

Les préliminaires de cette étude nous ont amplement prouvé que Jean-Georges Graff avait su évoluer au milieu de tous les changements de régime. Je ne vous étonnerai point, en vous disant que sous la Restauration, il continua à exercer ses fonctions d'instituteur.

« L'ordonnance royale du 29 février 1816 avait établi dans

chaque canton pour surveiller l'instruction primaire et surtout l'instruction religieuse, un comité de charité. Le curé du canton et le juge de paix en étaient membres de droit. Un catholique, pour être instituteur, devait d'abord obtenir du maire et du curé des communes qu'il avait habitées un certifical de bonne conduite ; il était ensuite examiné par ordre du recteur, qui délivrait, s'il y avait lieu un diplôme. Quand une école communale devenait vacante, il fallait être présenté par le maire et le curé de la commune, agréé par le comité de charité et par le préfet, nommé par le recteur » (1).

C'était le beau régime d'inquisition et d'intolérance qu'Erckmann-Chatrian a décrit de pittoresque façon dans l'*Histoire d'un sous-maître*.

Encore une fois Jean-Georges Graff dut courber l'échine et se soumettre à des nouvelles formalités et à de nouvelles mœurs. Le 20 août 1818, le recteur de l'Académie de Strasbourg l'autorise à exercer ses fonctions d'instituteur primaire dans la commune de Masevaux. Le 11 février 1819, la Municipalité de Masevaux délibère à son sujet et passe un accord avec lui. Aux termes de cet accord, Jean-Georges Graff donnera l'enseignement primaire en allemand aux enfants des deux sexes du culte catholique et il se conformera, quant au mode d'enseignement, aux instructions de Monsieur le Recteur de l'Académie qui lui seront développées par le comité cantonal (2).

Le 20 août 1818 le recteur autorise également à continuer ses fonctions d'instituteur de français le sieur Jean-Claude Damotte, instituteur de français, né à Paris le 7 août 1761 et le même jour, il lui délivre le certificat de capacité du 3e degré (2).

(1) A. Rambaud, *Histoire de la civilisation contemporaine en France*.

(2) *Registre de la Municipalité de Masevaux*. Voir aux dates ci-dessus indiquées.

Le même jour il autorise également à continuer ses fonctions d'aide instituteur le sieur Georges Graff, l'ancien garde d'honneur, qui a quitté la carrière des armes avec le grade de simple soldat, et et qui, le 9 avril 1817 a subi avec succès un examen universitaire devant la commission de Thann.

La situation pécuniaire de Jean-Georges Graff a diminué depuis la Révolution ; il ne reçoit plus, comme sous le régime du 23 vendémiaire an II, un traitement annuel de 1500 fr. mais seulement 710 fr. dont le détail nous est établi par la délibération suivante de la Municipalité de Masevaux, en date du 11 février 1819.

Vu par le Conseil, l'ordonnance du roi du 25 février 1816 et l'instruction de M. le Préfet du département du 11 septembre 1818, les deux insérés au recueil des actes de la Préfecture.

Vu le tableau n° 1 dressé par M. le Maire, des enfants qui ne recevant pas l'instruction à domicile devront être appelés à l'école publique d'après la demande de leurs parents, tous en état de payer une rétribution, le tableau n° 2 des enfants indigents susceptibles de recevoir l'instruction gratis et formant le quinzième des autres.

A délibéré ce qui suit, savoir :

Art. 1er : l'instituteur primaire allemand qui est autorisé par M. le recteur de l'Académie à donner l'enseignement public dans la commune percevra pour chaque enfant qui fréquentera son école une rétribution de 10 centimes par semaine ; sont exceptés les enfants indigents sur l'état n° 2 approuvé par le Conseil. Le montant de ces rétributions remises peut être évalué à. . . . . 300 fr.

Art. 2 : L'instituteur recevra annuellement du produit des revenus communaux à titre de traitement une somme de. . . . . 250 fr.

Art. 3 : L'instituteur aura le logement à la maison d'école allemande ; ce logement est composé de 8 pièces, outre la salle où se donnent les leçons et le loyer est évalué à. . . . . 100 fr.

Art. 4 : Il lui sera délivré de la coupe annuelle 13 stères de bois de chauffage de hêtre, tant pour l'intérieur de son ménage que pour le chauffage de l'école, le tout évalué à. . . . . 60 fr.

Les évaluations ci-dessus forment un total de. 710 fr. Somme reconnue suffisante pour rétribuer un instituteur et faire jouir les enfants d'un bon enseignement.

Jean-Georges Graff et son fils Georges sont donc instituteurs ; un petit-fils de Jean-Georges, Henri, se prépare lui aussi à l'être. C'est ce que nous apprend une délibération du conseil municipal en date du 16 mai 1819.

C'est l'époque où de nobles esprits se sont pris d'enthousiasme pour l'enseignement mutuel, c'est-à-dire pour l'enseignement par les moniteurs que le maître est chargé d'éduquer au préalable ; certains ont même vu dans l'enseignement mutuel une méthode d'où pourra sortir la régénération de la société. Le Conseil municipal de Masevaux, séduit lui-aussi par un système que patronnent les hommes les plus éminents de ce temps-là, Royer-Collard, Laisné, le duc Decazes (1), prend la délibération suivante :

L'an 1819, le 16 mai, le Conseil municipal de Masevaux, réuni au lieu ordinaire de ses séances, vu la proposition de M. le Maire tendant à établir une école d'enseignement mutuel dans cette commune, vu la circulaire de M. le Préfet du département en date du 8 courant, insérée dans le n° 11 du recueil des actes de la préfecture.

Attendu qu'il est prouvé que cette nouvelle méthode d'enseignement l'emporte de beaucoup sur l'ancienne, tant par la rapidité des progrès des élèves que par l'ordre et

(1) G. Compayré, *Histoire de la pédagogie*, p. 434 et sqq.

la simplicité des moyens d'instruction ; qu'on ne saurait trop propager les lumières et qu'il convient de saisir tout ce qui peut contribuer à tirer le bas peuple de l'ignorance et de la superstition ; considérant que c'est particulièrement la classe pauvre qui doit profiter des bienfaits de cette nouvelle institution en ce qu'à peu de frais et dans un court espace de temps elle peut acquérir facilement une instruction autrefois trop coûteuse par la lenteur des moyens d'enseignement.

Considérant que la sollicitude paternelle du gouvernement qui protège ces nouveaux établissements, l'exemple de tous les départements de la France et l'assentiment de tous les gens sages et éclairés sont des preuves infaillibles de la bonté et de l'utilité de ce genre d'instruction.

Considérant que la ville a des ressources suffisantes pour faire face aux frais que l'établissement de l'école et l'instruction du maître nécessiteront.

Arrête :

« 1° Il sera établi une école d'enseignement mutuel dans la commune. — 2° Le sieur Georges Graff fils, aide instituteur, se rendra incessamment à Colmar et fréquentera l'école modèle pour se mettre à même de diriger la nouvelle école dans notre commune ; il s'adjoindra Henri Graff son neveu comme moniteur général et lui fera donner l'instruction nécessaire.

Je ne sais de qu'il advint d'Henri Graff. S'il devint instituteur, ce n'est pas à Masevaux qu'il exerça. Quant à son oncle Georges Graff, il abandonna l'enseignement pour se consacrer à la musique. C'est que la famille Graff ne paraît plus jouir vers 1821 de la bienveillance des autorités constituées et le vieux maître Jean-Georges Graff doit, lui aussi, cesser ses fonctions pour exercer uniquement son métier d'organiste.

Le 17 mars 1821, le Conseil municipal a pris la décision de réorganiser l'enseignement à Masevaux (1).

(1) *Registre de la municipalité de Masevaux.*

Jusqu'alors les écoles avaient été mixtes. Sur la proposition du comité cantonal d'instruction, il est arrêté que les garçons seront séparés des filles et que l'instruction de celles-ci sera confiée aux sœurs de la Providence (1) (le conseil municipal de Masevaux suivait en cela la politique bienveillante de la Restauration à l'égard des congrégations). Par la même délibération, il décide de chercher un instituteur capable de donner l'enseignement mutuel dans les deux langues, d'accorder en conséquence une pension à Jean-Georges Graff et de recommander Damotte instituteur de français pour qu'il trouve un autre emploi.

Graff était donc mis à la retraite. A la date du 14 août 1821, le Conseil délibère à son sujet : « Considérant que cet instituteur bientôt septuagénaire a donné l'instruction dans notre commune pendant passé quarante ans avec zéle et à la satisfaction de tout le monde, il est de toute équité de venir à son secours, dans un âge aussi avancé d'autant plus qu'il est chargé d'une nombreuse famille (2) et pour ainsi dire sans fortune, en conséquence, le Conseil propose « d'une voie unanime (*sic*). une pension de retraite de 250 fr. qui lui sera payée annuellement et par trimestre (3) ».

Le 2 octobre 1821, le sous-préfet de Colmar approuve cette délibération « considérant qu'il est de toute justice de récompenser les longs services du sieur Graff, qui a constamment exercé l'enseignement avec zèle à la satisfaction de toute la commune (4), M. de Puymaigre, préfet de Colmar approuve lui

(1) Les sœurs de la Providence, congrégation de Ribeauvillé exercent encore en Alsace. Elles exerçaient déjà à Colmar au début de la Révolution (1790). V. Reuss, *id.*, p. 36.

(2) Jean-Georges Graff avait cinq enfants.

(3) *Registre de la municipalité de Masevaux.*

(4) *Registre de la municipalité de Masevaux.*

aussi l'allocation de 250 fr., proposée pour Jean-Georges Graff mais à titre de secours seulement, « sauf au Conseil municipal à renouveler chaque année sa proposition en faveur du sieur Graff, s'il juge convenable (1) » (Colmar le 9 octobre 1821).

Mais une grave question se posait pour Graff, c'était la question de son logement. Depuis passé quarante ans, il occupait la maison d'école, dite école allemande. Allait-il être obligé de quitter cette demeure où tant de souvenirs l'attachaient ? Le vieux maître avait bien quelques droits à finir ses jours, là où il avait peiné et vu grandir de nombreuses générations. Tout semblait pouvoir s'arranger, puisque par délibération, en date du 17 mars 1821, le Conseil municipal avait décidé d'affecter aux écoles le bâtiment de l'église de Saint-Ehrard, converti en caserne en 1816 (2). La maison d'école allemande était donc disponible et Graff devait pouvoir y goûter un repos bien gagné. En conséquence, le 24 octobre 1821, Graff adressa à Messieurs du Conseil la requête que voici :

A Messieurs, le Maire et Conseillers municipaux de la ville de Masevaux.

Georges Graff, instituteur de la dite ville, a l'honneur de vous exposer qu'il est de votre parfaite connaissance que depuis passé quarante ans, il exerce les fonctions d'instituteur de la classe allemande comme aussi celles d'organiste et de chantre en cette paroisse.

Que par l'événement qui vient d'arriver en ce qu'il vous a plu, Messieurs, pour l'utilité publique de réunir les classes allemandes et françaises en une seule, il se trouve par ce moyen déchu de sa place d'instituteur moyennant une pension viagère de 250 fr. qu'il vous a plu de lui accorder et lui avez conservé les fonctions de chantre et

(1) *Registre de la municipalité de Masevaux.*
(2) *Id.* (délibération du 17 mars).

d'organiste, pour lesquelles il ne touche annuellement qu'une modique somme de 159 fr., que ces deux sommes réunies sont non seulement insuffisantes pour son entretien et celui de sa nombreuse famille, mais disproportionnées à ses longs services rendus, comme instituteur et aux services qu'il va continuer à rendre comme organiste et chantre ; pourquoi il croit avec justice être en droit de réclamer en sus la continuation de la jouissance de la maison d'école et du jardin y attenant, aussi vie durante, tant en considération de ses longs services, que pour le faible salaire à lui accordé comme organiste et chantre, sujet de sa pétition.

Tendant à ce qu'il vous plaise, Messieurs, accorder au pétitionnaire la continuation de la jouissance de la maison d'école allemande et jardin dépendant sa vie durant autant et si longtemps qu'il remplira les fonctions d'organiste et de chantre de l'église paroissiale aux offres qu'il fait d'y faire les réparations locatives après avoir été mis en état, ferez justice.

Signé : GRAFF.

La requête fut transmise au sous-préfet de Belfort qui répondit de sa meilleure encre administrative :

Le sous-préfet de l'arrondissement de Belfort, vu de nouveau la pétition, la délibération du Conseil municipal de Masevaux et l'estimation de la maison dont on sollicite la jouissance, considérant que la ville de Masevaux, en donnant au sieur Graff, instituteur primaire une pension de 250 fr. qui surpasse le salaire d'activité de la plupart de ses confrères, a fait un sacrifice qui est bien supérieur au mérite du pétitionnaire et peut-être disproportionné avec les ressources de la commune.

Considérant que le dit sieur Graff outre cette pension et son salaire d'organiste et de chantre de la paroisse fixé à 159 fr. a encore divers bénéfices attachés aux dites fonctions et qu'enfin il a encore des propriétés particulières, notamment une maison qu'il afferme.

Considérant enfin que la commune de Masevaux qui a des dettes à acquitter, un procès prêt à s'ouvrir entre elle et celle de Lauw et qui a des chemins à réparer n'a pas des ressources suffisantes pour se montrer aussi généreuse envers le dit Graff, dont au surplus les services sont déjà trop amplement récompensés d'après les renseignements qui ont été pris sur cet instituteur.

Estime qu'il n'y a pas lieu d'accueillir la demande indiscrète du sieur Graff et qu'il convient d'ordonner au maire de prendre les mesures nécessaires pour mettre en ferme la maison d'école qui n'est plus employée à cet usage.

A Belfort, ce 29 novembre 1821.

Sanctionnant la décision de son subordonné, le préfet du Haut-Rhin déclare à son tour qu'il n'y a pas lieu d'accueillir la demande de Graff et arrête « qu'à la diligence de M. le Maire il sera procédé à la location par adjudication publique de la maison occupée par le dit sieur Graff ainsi que du jardin qui en dépend. (Colmar, le 5 décembre 1821.)

Le refus préfectoral était-il justifié ? Sans doute, si nous considérons que Graff, loin d'être un miséreux, avait quelque avoir, mais peut-être s'explique-t-il par des raisons politiques. Le père de l'ancien garde d'honneur n'avait peut-être pas donné au gouvernement de la Restauration des preuves suffisantes de son loyalisme.

En terminant, essayons d'établir la véritable situation de fortune de Graff. Au moment où son fils Georges fut enrôlé comme garde d'honneur en 1813, le préfet de Colmar avait estimé son avoir à 1.200 fr. Cette estimation était inférieure à la réalité. J'ai pu, en effet établir les diverses acquisitions faites au cours de sa longue carrière par Jean-Georges Graff. En voici l'état :

Par contrat du 7 juin 1790, Graff achète maison, grange, outils, terre, pour 700 livres tournois payées comptant.

En 1792, achat d'un jardin potager dont le paiement est fait le 31 août 1792, 100 l. tournois.

Le 11 octobre 1807, achat d'un jardin potager de 2 ares, 80 l. tournois.

Jean-Georges Graff paiera les intérêts à première réquisition avec les intérêts ordinaires au denier 20. (Jean-

Georges Graff s'acquitte de sa dette le 22 décembre 1807).

Le 30 octobre 1807, Graff achète à son beau-frère Pierre Kraft une maison, pré, champ, verger et grange, jardin potager, 300 livres.

Le 26 septembre 1811, il achète à Françoise Wetzel, sa belle-mère, la moitié d'une pièce de pré de la contenance d'environ 30 ares, plus la moitié d'un jardin potager d'environ 2 ares, 400 livres.

Le 5 avril 1813, achat de 2 champs et terrain gazonné, environ 15 ares, 300 livres.

Le 24 juillet 1816, Jean-Georges Graff achète à Pierre Kraft son beau-frère et à sa belle-sœur leur part dans la succession de sa belle-mère Françoise Wetzel :

a) Quart d'une maison, étable et jardin potager.

b) Quart d'environ 32 ares de vergers.

c) Quart d'environ 50 centiares de jardin.

d) Quart d'une moitié de grange et d'une écurie, 440 livres.

Cette opération met donc Jean-Georges Graff en possession d'une petite propriété estimée à 1.760 francs.

Enfin le 22 février 1821, achat par Jean-Georges Graff d'un pré d'environ 20 ares pour le prix de 500 fr.

En résumé en 1821, à la veille de sa mise à la retraite l'ensemble des diverses propriétés de Graff pouvait être estimées à 4.000 fr. environ.

Graff pouvait être donc considéré comme appartenant à la petite bourgeoisie et c'est bien comme un petit bourgeois qu'il est considéré dans la bonne ville de Masevaux.

Le mariage de son fils le prouve. Georges, l'ancien garde d'honneur devenu maître de musique, épouse en effet, en 1827, la fille du juge de paix de Masevaux, le sieur Paschali, commissionné d'un bureau de tabac, dont il laisse la jouissance à son gendre.

Cette union ne précise-t-elle pas la situation sociale de la famille Graff ?

Quelles conclusions convient-il de tirer de cette modeste étude ? — A mon sens : les suivantes. De 1760 environ à 1821, une même famille, soit par ses alliés, soit par ses consanguins. a exercé l'enseignement primaire à Masevaux.

De cette constatation en découle une autre. Si le maître d'école avait été réellement le pauvre diable, le pauvre magister si souvent dépeint, les cadres de cette corporation familiale auraient-ils pu se former : ne se seraient-ils pas rompus pour permettre aux Graff et à leurs alliés de vivre d'une autre vie plus rémunératrice ? D'ailleurs, en publiant l'état de fortune de Jean-Georges Graff, j'ai amplement prouvé que celui-ci n'était pas un miséreux. Sans doute, ce n'était pas un Crésus, sans doute pas plus que ses collègues, ainsi que le constate M. Reuss, n'a-t-il pu participer à l'achat des biens nationaux. D'ailleurs, notons en passant, que même s'il l'eût pu, Jean-Georges Graff, fervent catholique, ne se serait sans doute pas exposé à l'excommunication, en achetant des biens d'église. A mon avis, Jean-Georges Graff était un petit bourgeois, qui vécut, sinon largement, du moins aisément de son école et de son église.

Autre conclusion. Les lois révolutionnaires sur l'enseignement ont été souvent représentées comme des lois théoriques, et sans nulle conséquence pratique. Le soin avec lequel la municipalité de Masevaux s'efforce au contraire de les appliquer est intéressant à noter. Il est intéressant de constater que le décret du 8 pluviôse an II relatif aux instituteurs de langue française a été appliqué à Masevaux, sous l'influence du représentant du peuple Foussedoire, qui, après Saint-Just, d'ailleurs, s'intéressa particulièrement « à la francilisation de l'Alsace ».

Il est juste de reconnaître que le décret du 8 pluviôse trouva à Masevaux un terrain d'application favorable ; une maison d'école déjà organisée, un maître (Mathias Graff) ayant déjà donné des preuves de sa connaissance de la langue française.

Le fait qu'il existait à Masevaux, dès la fin du XVIIIe siècle, une école française en même temps qu'une école allemande, alors que dans le reste de l'Alsace l'enseignement était donné en allemand, ce fait prouve les efforts de la cité massopolitaine pour s'orienter vers la patrie française, dont elle veut connaître la langue. Dès le début de la Révolution, elle montrait sa préférence pour la langue française en donnant, dès 1792 (voir l'état de traitement que j'ai publié) au maître français, un traitement supérieur à celui de l'instituteur allemand.

Au surplus, l'histoire des Graff, n'est-ce pas un peu d'histoire française ou plutôt un peu d'histoire de cette langue française s'efforçant d'exercer son rayonnement sur toutes les terres que la fédération de 1790 avait réunies dans un même idéal ?

- IMPRIMERIE -
André LESOT
Nemours S.-&-M.
— 31-3-27 —

IMPRIMERIE
ANDRÉ LESOT
Nemours (S.-&-M.)
[illegible]

www.ingramcontent.com/pod-product-compliance
Ingram Content Group UK Ltd.
Pitfield, Milton Keynes, MK11 3LW, UK
UKHW021517260726
13993UKWH00004B/1731